Florian Fritz

ICH
SCHENKE DIR
MEIN HERZ

Ein Gedicht über die Liebe

mit Herz-Fotografien

Impressum

Bibliografische Information der Deutschen Nationalbibliothek:
Die Deutsche Nationalbibliothek verzeichnet diese Publikation in der Deutschen
Nationalbibliografie; detaillierte bibliografische Daten sind im Internet über http://dnb.dnb.de
abrufbar.

© 2022 Florian Fritz für Text, Fotos, Layout

Herstellung und Verlag: BoD – Books on Demand, Norderstedt

ISBN: 9783756859603

I

Ich bin
ein Mensch
voll
Urvertrauen.

Ich will
dir
in die Augen
schauen

und
möchte glauben,
was
du sagst

und hoff,
dass Du
das Gleiche
wagst.

Du
reflektierst
mein
Angesicht,

du
spiegelst Schatten
und
das Licht

Du nimmst
die Schritte,
die
ich nehme

und leidest mit,
wenn
ich
mich schäme.

Du
bist das Blatt
und
seine Zelle,

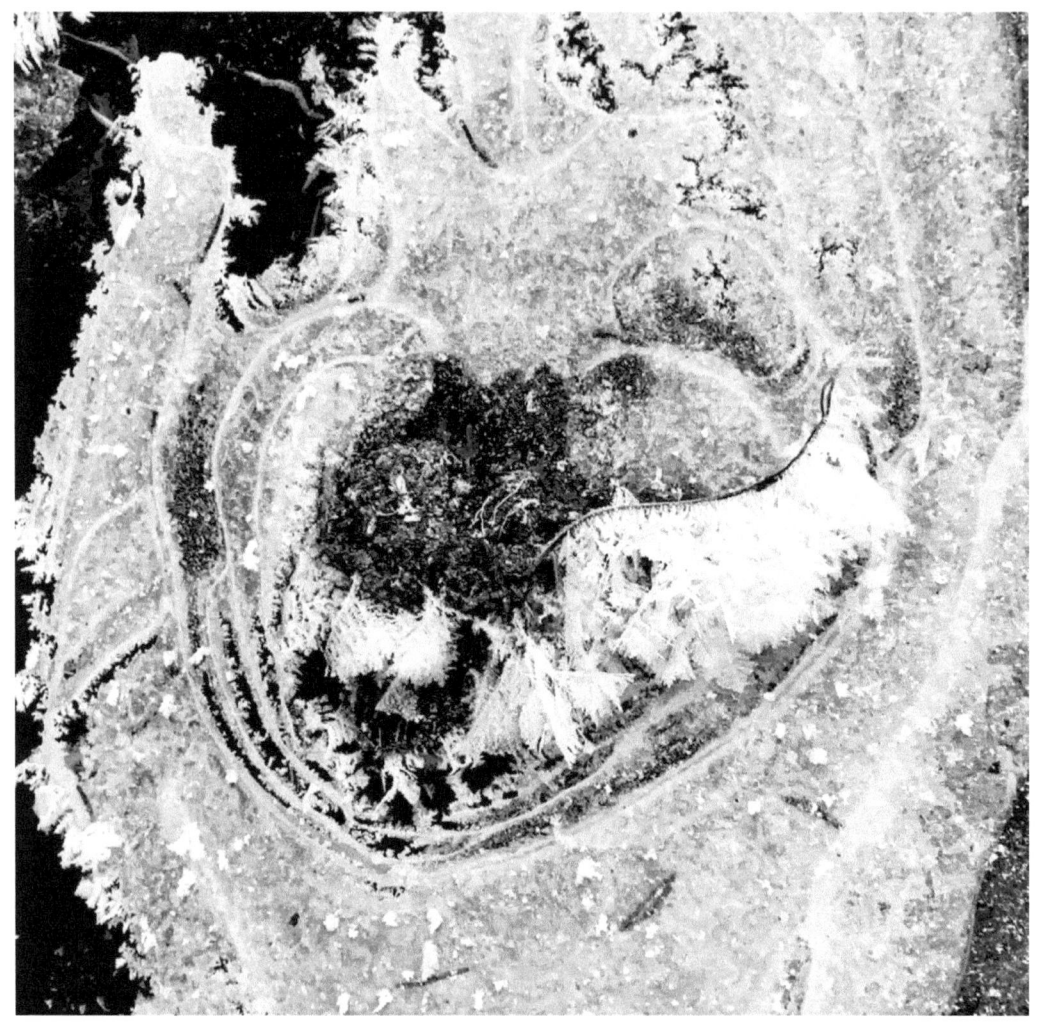

du
bist das Wasser
aus
der Quelle,

du
bist die Krume
in
der Erde,

du
bist das Kalb
und
seine Herde.

Du
leuchtest bunt,
wohin man
schaut.

Das
Farbenspiel
auf
deiner Haut

mäandert
wie
der
Lebensfluss

und glitzert
wie
ein
Regenguss.

Du
gibst mir
Trost
und Sicherheit

in Raum
und Licht
und
Ewigkeit.

Du bist
die Grenze,
die
ich spüre

und
auch
der Spalt
in jeder Türe.

Ich
bin ein Mensch
voll
Urvertrauen

und will
dir
in die Augen
schauen,

erwarte
Freude,
Hoffnung,
Schmerz

und

schenke dir

dafür

mein Herz.